CEU - CEFAS
*Centro de Estudios, Formación
y Análisis Social*

Educación Liberal y la Tradición de los Grandes Libros en Estados Unidos

INFORME 09 | CEU-CEFAS

Abril de 2025

Autor

Jorge Jiménez-Alfaro Piédrola
Investigador de CEU-CEFAS

CEU-CEFAS tiene por objetivo la promoción de los principios inspiradores fundamentales de la Doctrina Social de la Iglesia en los ámbitos cultural y político, mediante la realización de cursos, congresos y publicaciones. CEU-CEFAS aspira a constituirse en un lugar de referencia y encuentro para debatir, reflexionar, formar, difundir e investigar en el ámbito de las ideas para mejorar la sociedad.

www.cefas.ceu.es

CEU-CEFAS
Calle Tutor, 35
28008 Madrid | España
Teléfono: (+34) 91 514 05 77
cefas@ceu.es

Depósito legal: M-14710-2025
ISBN: 978-84-19976-97-0
Maquetación: CEU Ediciones
Impresión: CEU Ediciones
Impreso en España

Publica: CEU Ediciones
Calle Julián Romea, 18
28003 Madrid | España
Teléfono: (+34) 91 514 05 73
ceuediciones@ceu.es

La Fundación Universitaria San Pablo CEU es una entidad inscrita en el Registro de Fundaciones con el nº 60 /
CIF (G-28423275).

Índice

El propósito principal de una educación liberal, entonces, es el cultivo del propio intelecto e imaginación de la persona, por el bien de la persona misma. No debería olvidarse, en esta era de masas en la que el estado aspira a serlo todo, que la educación genuina es algo superior a un instrumento de política pública. La verdadera educación está destinada a desarrollar al ser humano individual, a la persona, en lugar de servir al estado.1

Russell Kirk, «The Conservative Purpose of a Liberal Education»,

en *Redeeming the Time*

1   Russell Kirk, «The Conservative Purpose of a Liberal Education», en *Redeeming the Time* (Wilmington: ISI Books, 1996), pp-. 41–52.

I. Introducción

La educación liberal en Estados Unidos –tradicionalmente conocida como artes liberales– está viviendo un renacimiento significativo frente a las crecientes preocupaciones sobre el sistema educativo actual. Entre estas inquietudes destacan la fragmentación curricular y la ideologización en ciertas instituciones de educación superior. El presente informe examina esta tradición educativa y su relevancia contemporánea en el contexto estadounidense. Sus raíces se remontan a la Antigüedad y a la Edad Media, y busca formar integralmente al individuo mediante la lectura de los clásicos, el análisis crítico y el enfoque interdisciplinar que abarca tanto las humanidades como las ciencias.

Tras la Segunda Guerra Mundial, el auge de las grandes universidades, junto con su énfasis en la investigación y la especialización técnica, relegó el enfoque humanista a un papel secundario. Sin embargo, en las últimas décadas se ha observado un renovado interés por la educación liberal, especialmente en pequeños *colleges* y en centros formativos integrados en universidades de mayor tamaño. Este resurgimiento responde a una preocupación creciente por la ideologización en instituciones de prestigio, que ha impactado negativamente en la libertad académica.[2] La creación de «espacios seguros» y la cancelación de clases tras la reelección de Donald Trump en 2024 ilustran estas tensiones, al generar debates sobre la imposición de un discurso único y la sobreprotección de los alumnos.[3] Como respuesta, un número cada vez mayor de familias y estudiantes está optando por alternativas educativas que prioricen la tradición clásica y la formación integral en entornos donde se fomente el pensamiento crítico y el diálogo riguroso sin interferencias ideológicas.

---

2   Paz Marín Cánovas, *Estudio de la hegemonía de la ideología Woke*, Informe 06 | CEU-CEFAS, febrero de 2024.

3   Estos eventos, ocurridos tras las elecciones de noviembre de 2024, ejemplifican las tensiones actuales en el ámbito universitario. «Universities Come Under Fire for Canceling Classes and Providing Safe Spaces for Students Upset by Trump's Victory», *Fox News*, 8 de noviembre de 2024, https://www. foxnews.com/media/universities-come-under-fire-canceling-classes-providing-safe-spaces-students-upset-trumps-victory; «Harvard and Princeton Professors Cancel Classes to Let Students Recover from Election» *National Review*, 7 de noviembre de 2024, https://www.nationalreview.com/news/ harvard-and-princeton-professors-cancel-classes-to-let-students-recover-from-election/.

El presente informe tiene como objetivo analizar esta tradición educativa desde múltiples perspectivas. Esto incluye sus orígenes históricos, marcados por influencias de denominaciones protestantes y la tradición jesuita; su transformación en el contexto de las grandes universidades de investigación y los desafíos contemporáneos que enfrenta. Asimismo, destaca la importancia de preservar la libre discusión de ideas, el rol de los centros interdisciplinares que combinan áreas como la historia, la política y la economía, y la necesidad de fomentar una cultura de investigación rigurosa y de debate civilizado. Instituciones como Hillsdale College son ejemplos destacados de cómo el compromiso con los valores clásicos y la independencia financiera pueden revitalizar la formación en humanidades y su relevancia cultural.

Además, el informe examina enfoques como los de los «Grandes Libros» y las «Artes Liberales», así como el método socrático, evidenciando la falta de claridad actual en la definición y el propósito de la educación liberal. Mientras que el enfoque de los «Grandes Libros» se centra en textos específicos que han moldeado la civilización occidental, el término «Artes Liberales» ha perdido precisión, lo que dificulta su aplicación efectiva en muchas instituciones. Este análisis se enriquece con testimonios de profesores y estudiantes que subrayan cómo el estudio de los clásicos fomenta la reflexión ética, la sensibilidad estética y una comprensión profunda de la tradición.[4]

Entre los debates contemporáneos y los retos identificados se encuentran la polarización ideológica y la tensión entre la educación liberal y las demandas del mercado laboral. Este informe concluye destacando la vigencia de los principios fundamentales de la educación liberal: la búsqueda de la verdad, el cultivo de las virtudes clásicas y la promoción de una visión amplia del conocimiento. En el actual panorama educativo, donde diversos observadores señalan tendencias hacia la fragmentación y cierta politización, estas ideas representan una respuesta viable.

---

4   La educación liberal es un tema de enorme complejidad, incluso cuando se limita al contexto estadounidense. Autores destacados como Russell Kirk, John Henry Newman, Leo Strauss, Allan Bloom, Robert Hutchins y Mortimer Adler han dedicado extensos trabajos al análisis y defensa de este modelo educativo. Este informe, sin embargo, no pretende abordar exhaustivamente la totalidad de esta rica tradición intelectual, sino ofrecer una aproximación inicial que permita comprender su relevancia y desafíos en el contexto contemporáneo.

II. Marco conceptual: situación y contexto actual

A. El sistema universitario estadounidense

El sistema universitario en Estados Unidos se estructura en tres niveles principales: el grado universitario (*Bachelor's Degree*), los programas de posgrado profesional (JD, MD, MBA) y los programas de posgrado académico (MA/MS y PhD). Mientras que las grandes universidades suelen priorizar la investigación y los estudios de posgrado, los *colleges* más pequeños se enfocan fundamentalmente en los estudios de grado, ofreciendo una educación más personalizada y cercana. Muchos de estos *colleges* destacan por su compromiso con los principios de la educación liberal clásica, proponiendo una formación que pone énfasis en el desarrollo humano y social, más allá de la mera especialización técnica.

Sin embargo, la evolución hacia las denominadas «multiversidades», un concepto acuñado por Clark Kerr en *The Uses of the University*, ha transformado profundamente el ámbito académico.[5] Estas instituciones combinan la investigación, la formación profesional y los servicios públicos –entendidos como actividades destinadas al beneficio de la sociedad– tales como proyectos de extensión comunitaria, investigación aplicada y programas culturales. No obstante, esta expansión ha relegado a un segundo plano la enseñanza y la formación integral de los estudiantes. El modelo actual prioriza programas técnicos y científicos, lo que ha llevado a una significativa reducción de las humanidades y a la fragmentación de los currículos en disciplinas excesivamente especializadas, dificultando una perspectiva interdisciplinar del conocimiento. Además, el enorme tamaño y la diversificación extrema de estas instituciones hacen más complicado crear una cultura académica coherente y un núcleo formativo común, lo que compromete su misión educativa tradicional.

Otro desafío importante es la creciente politización de las universidades, tanto públicas como privadas, que ha alterado considerablemente su misión original. Las universidades públicas, sujetas a normativas estatales y federales, se enfrentan a constantes tensiones entre la libertad académica y las restricciones derivadas de

---

5   Clark Kerr, *The Uses of the University* (Cambridge, MA: Harvard University Press, 1963; 8th printing, 1980), cap. I, 18 en adelante.

los fondos públicos. Por su parte, las universidades privadas, aunque gozan de mayor autonomía, dependen de subvenciones y ayudas federales, lo que puede influir en sus prioridades académicas. La incorporación de ideologías críticas, impulsada especialmente por instituciones como el *Teachers College* de la Universidad de Columbia, ha contribuido a fragmentar aún más el propósito educativo. Estas narrativas -que suelen centrarse en el conflicto entre opresores y oprimidos- han presentado de forma negativa aspectos fundamentales de la civilización occidental, alienando a aquellos que buscan una formación vinculada al contexto histórico y a los logros culturales de Occidente.[6]

Un fenómeno similar se ha observado en otros ámbitos del espacio público. Por ejemplo, Mark Zuckerberg reconoció que, durante la pandemia de COVID-19, Facebook (ahora Meta) sufrió presiones de la administración de Joe Biden para censurar determinados contenidos, como publicaciones humorísticas y satíricas sobre el virus.[7] Este caso se ha interpretado como un ejemplo de cómo las narrativas ideológicas dominantes pueden influir en grandes instituciones tecnológicas. En el ámbito universitario, se observan paralelismos con la influencia de donantes influyentes, como George Soros y sus Open Society Foundations, que han condicionado programas académicos centrados en la justicia social, la diversidad y la inclusión en varias instituciones educativas.[8] Aunque no hay pruebas concluyentes de que estos donantes amenacen con retirar fondos si no se siguen sus posturas, su impacto en la orientación de los programas y de las políticas universitarias resulta evidente. Al igual que en las empresas tecnológicas, las universidades –especialmente aquellas que dependen de donaciones significativas– son vulnerables a estas dinámicas, lo que plantea serias dudas sobre su autonomía frente a las presiones ideológicas y económicas.

Además, otro elemento que ha reforzado un enfoque técnico y utilitarista, en detrimento de una educación más humanista, es la presión por producir investigaciones cuantificables, junto con la expansión de la burocracia universitaria. Esta tendencia da prioridad a la productividad académica, que se mide en términos de publicaciones y resultados técnicos, dejando en un segundo plano la formación de personas capaces de reflexionar de manera interdisciplinar y conectar con la tradición humanista. Como resultado, muchas familias y estudiantes han empezado a buscar alternativas que ofrezcan una formación más equilibrada y acorde con valores sociales y culturales. En numerosas universidades estadounidenses, los programas de artes liberales han sido reducidos o eliminados, en favor de disciplinas orientadas hacia una empleabilidad inmediata, como STEM (Sciences, Technology, Engineering and Mathematics) y negocios. Este fenómeno refleja una preferencia por resultados económicos, en detrimento de una educación humanista y global.[9]

---

6   Helen Pluckrose y James Lindsay, *Cynical Theories: How Activist Scholarship Made Everything About Race, Gender, and Identity – and Why This Harms Everybody* (Durham, NC: Pitchstone Publishing, 2020), p. 170.

7   https://theobjective.com/tecnologia/2025-01-08/impactante-discurso-zuckerberg-censura-facebook/

8   https://www.opensocietyfoundations.org/newsroom/george-soros-launches-global-network-to-transform-higher-education?utm_.com

9   Gregory A. McBrayer, «The Paradox of Liberal Education and Modernity» en *New Challenges to Liberal Education* (Cambridge: Cambridge University Press, 2023), p. 393.

En este complejo panorama, la educación liberal clásica reaparece como una alternativa sólida que busca recuperar principios esenciales como la libertad académica, la diversidad de pensamiento y una formación más completa. No obstante, su supervivencia depende de una mayor autonomía institucional y de un firme compromiso con la preservación del legado humanista que históricamente ha definido la educación superior.

Uno de los aspectos más controvertidos es la creciente politización en las universidades, que ha reducido la diversidad de pensamiento y limitado los espacios de intercambio plural de ideas. Aleksandr Solzhenitsyn, en *El Archipiélago Gulag*, describe tres características del adoctrinamiento: la implantación, que impone ideas sin permitir análisis crítico; la simplificación, que utiliza narrativas unilaterales para evitar la complejidad; y la mecanización, que convierte el pensamiento en una repetición automática de dogmas. En las sociedades democráticas modernas, Alexis de Tocqueville advertía sobre la «tiranía de la mayoría», que mediante la presión social sustituye el pensamiento crítico por la conformidad.[10] Estas dinámicas no solo distorsionan la percepción de la realidad, sino que también limitan la capacidad para razonar de forma independiente, como se evidencia en la proliferación de políticas de discurso que restringen el debate abierto en muchos campus universitarios. Esto contradice el propósito fundamental de la educación liberal: formar personas capaces de dialogar de manera crítica.

Frente a estas tendencias preocupantes, es necesario examinar más detenidamente qué constituye una verdadera educación liberal y cómo sus principios fundamentales pueden servir como contrapeso a la creciente ideologización del ámbito universitario.

B. Educación liberal

La educación liberal tiene como fundamento la formación completa de personas libres en los ámbitos político, intelectual y humano. El término «liberal» proviene del latín liber, que significa «libre», y hace referencia históricamente a la educación destinada a ciudadanos capacitados para participar activamente en la vida pública y cultural, diferenciándose de la instrucción técnica o servil orientada a actividades manuales.[11] Este enfoque promovía disciplinas como la filosofía, la historia, la literatura y las ciencias, todas ellas concebidas para desarrollar el pensamiento crítico y el propio carácter. Desde sus orígenes, las artes liberales se entendían como herramientas esenciales para la participación en el gobierno, el discurso público y la actividad social, una idea que hunde sus raíces en la tradición de la Grecia clásica y la Roma antigua.

Como sostuvieron Sócrates y Platón, la educación no solo moldea el intelecto, sino también el carácter, constituyendo un proceso de transformación integral del alma hacia la verdad.. Platón describe en *La República*

---

10   Aleksandr Solzhenitsyn, *El Archipiélago Gulag*, y Alexis de Tocqueville, *La democracia en América*.

11   Justin Buckley Dyer y Constantine Christos Vassiliou, *Liberal Education and Citizenship in a Free Society* (Columbia: University of Missouri Press, 2023), 3.

(VII) cómo la educación es un ascenso desde las sombras de la ignorancia hasta la luz de la verdad, un proceso que exige tanto disciplina como la capacidad de cuestionar las apariencias superficiales del mundo sensible. Esta metáfora del «ascenso del alma» subraya que la educación es un viaje moral e intelectual hacia el conocimiento de lo bueno y lo verdadero.

Por su parte, Aristóteles defendía que la educación era el medio para que los ciudadanos alcanzaran la *eudaimonía*, es decir, la plenitud humana basada en la práctica de la virtud. Este modelo no solo implicaba adquirir habilidades prácticas, sino también desarrollar el juicio moral y la capacidad de deliberación. Según Aristóteles, la formación debía comenzar en la infancia, fomentando el hábito de actuar correctamente hasta que las virtudes se convirtieran en una disposición natural.[12]

El método socrático, basado en preguntas y diálogo crítico, es una piedra angular de la educación liberal. Fomenta la reflexión, el cuestionamiento constante y la búsqueda de la verdad, cualidades esenciales para formar ciudadanos responsables y comprometidos.[13] Esta aproximación dialéctica fundamenta por qué la educación liberal clásica se presenta como el medio más eficaz para preparar personas libres y capaces de gobernarse a sí mismas. A diferencia del adoctrinamiento, que impone dogmas anulando el pensamiento crítico, promueve la autonomía intelectual a través del encuentro con «lo mejor que se ha pensado y dicho en el mundo».[14] Aspira a formar ciudadanos que razonen, dialoguen y contribuyan al bienestar de la sociedad, integrando las herencias de la tradición judeocristiana, la filosofía griega, el derecho romano y, en el caso de Estados Unidos, el legado intelectual inglés y estadounidense.

Aunque estas disciplinas tienen su origen en la Antigüedad, fue durante la Edad Media cuando se codificaron formalmente como el eje central de la formación académica en monasterios y en las primeras universidades. Su estructura se organizaba en el *trivium* (gramática, retórica y lógica) y el *quadrivium* (aritmética, geometría, música y astronomía), que constituían los fundamentos de la educación medieval. Estas materias no solo preparaban al estudiante para los estudios superiores, especialmente en filosofía y teología, sino que también fomentaban la excelencia moral e intelectual, un objetivo defendido por autores clásicos como Aristóteles. Este pensador consideraba la educación como el medio para cultivar virtudes, una visión que fue retomada y enriquecida por la escolástica medieval.

El modelo de la educación liberal va más allá de la mera adquisición de conocimientos: busca desarrollar hábitos profundos y arraigados que permitan a la persona alcanzar su plenitud como ser humano. La justicia, la belleza y la verdad han sido pilares de esta tradición, sostenidos desde la filosofía de Platón hasta los ideales judeocristianos que moldearon la educación europea.

---

12   Richard M. Gamble (ed.), *The Great Tradition: Classic Readings on What It Means to Be an Educated Human Being*(Wilmington, DE: Intercollegiate Studies Institute, 2007), pp. 37-40.

13   Richard M. Gamble (ed.), *The Great Tradition*, pp. 25-30.

14   Rachel Alexander Cambre, «Liberal Education's Antidote to Indoctrination» en *First Principles* No. 109, The Heritage Foundation, enero de 2025, pp. 1-12.

La concepción de John Henry Newman sobre la educación liberal, desarrollada en *The Idea of a University*, se alinea profundamente con estos principios.[15] Newman subrayó que la verdadera educación implica mucho más que estar bien informado: requiere tanto virtudes intelectuales como humanas, indispensables para desarrollar un pensamiento crítico, autónomo y comprometido con el bien común. Sin embargo, advirtió que estar bien educado no basta; es un error creer que la educación, por sí sola, hace a las personas íntegras. Para lograrlo, es imprescindible una formación que comprenda no solo la razón, sino también las dimensiones ética, espiritual y comunitaria.

Una educación auténtica debe desarrollarse en una cultura que fomente tanto la razón como las virtudes, rodeada de relaciones humanas que compartan estos ideales y con una dimensión espiritual en su núcleo. Según Newman, formar a una persona completa requiere una cultura comunitaria donde mente y corazón trabajen juntos, reforzando virtudes esenciales para transformar la sociedad.[16] Además, Newman destacó la literatura como una manifestación viva del pensamiento humano, capaz de cultivar la sensibilidad ética, estética e intelectual de los estudiantes.

No obstante, la educación liberal clásica se enfrenta hoy al creciente desafío de la instrumentalización del saber, que ha relegado la formación humanística en favor de conocimientos técnicos o especializados orientados primordialmente al mercado laboral. En un mundo centrado en resultados inmediatos, las artes liberales han sido criticadas por su aparente falta de utilidad práctica. Sin embargo, su valor principal no reside en su aplicación directa, sino en su propósito intrínseco: la búsqueda del conocimiento y la comprensión profunda de principios fundamentales. Aunque no es su objetivo central, este enfoque cultiva, como consecuencia natural, habilidades como el pensamiento analítico, la comunicación clara y la adaptabilidad, cualidades que resultan valiosas incluso en un mercado laboral cada vez más complejo. Más allá de estas destrezas, las artes liberales forman ciudadanos con criterio y sensibilidad, capaces de participar activamente en la sociedad. Virtudes como la humildad, la gratitud y el amor a la verdad son pilares esenciales de este proceso. Allan Bloom, en *The Closing of the American Mind*, denunció la pérdida de valores académicos y la falta de compromiso con las grandes preguntas morales y cívicas, subrayando la importancia de recuperar un currículo basado en los Grandes Libros.[17] En este sentido, la educación liberal no solo prepara a los estudiantes para enfrentar las complejidades de la vida diaria, sino que busca formar personas completas, capaces de discernir la verdad, apreciar la belleza y transformar la sociedad mediante virtudes que trascienden los requerimientos profesionales y fomentan un compromiso activo con el bien común.

---

15 John Henry Newman. *The Idea of a University*. London: Longmans, Green, and Co., 1852.

16 Jonathan Sanford, en *Educating Humans to Be Human: The Crisis in Education*. Moderado por Tim Gray, con panelistas Jonathan Sanford, Sr. Mary Brigid Burnham y Peter Crawford. Napa Institute Summer Conference, Napa, California, 2024. Publicado por Napa Institute. https://www.youtube.com/watch?v=fSe5wSzpPwA.

17 Allan Bloom,. *The Closing of the American Mind*, New York: Simon & Schuster, 1987, 344.

C. Resurgimiento de la educación liberal

La renovación de la educación liberal en Estados Unidos responde a una variedad de factores interconectados, constituyendo un movimiento de creciente relevancia en el panorama educativo contemporáneo. La independencia financiera de algunas instituciones ha sido clave para preservar una libertad curricular centrada en la tradición occidental y en las humanidades, manteniéndose al margen de presiones gubernamentales e influencias ideológicas. El declive de las humanidades en las grandes universidades ha facilitado el surgimiento de centros educativos más pequeños, comprometidos con la preservación de la tradición liberal clásica y en abierta respuesta a la insatisfacción con los modelos educativos que priorizan excesivamente la especialización técnica. Este renacimiento también ha cobrado fuerza gracias a un renovado énfasis en el pensamiento crítico y al rechazo de ideologías restrictivas. En este contexto, la lectura de clásicos y el método socrático resurgen como herramientas esenciales para desarrollar una visión abierta y matizada del mundo.

A estos factores se suma la creciente polarización y la percepción de politización que se ha dado en las últimas décadas en universidades de prestigio. Sin embargo, aunque este fenómeno es significativo, no debe exagerarse ni asumirse que todas las grandes universidades carecen de excelencia académica. Muchas familias y estudiantes han optado por alternativas que priorizan la tradición occidental, el estudio de los clásicos y la formación en virtudes tradicionales. Este movimiento ha sido especialmente visible en el ámbito educativo K-12,[18] con el crecimiento de escuelas clásicas desde la década de 1980 como una respuesta directa a la tecnificación y la ideologización de la educación convencional.[19] Esta tendencia no se limita a la educación primaria y secundaria, sino que se extiende también a la educación superior.

El resurgimiento de la educación liberal clásica en el ámbito universitario también puede interpretarse como una reacción al progresismo predominante en algunas universidades de élite, incluidas las instituciones de la Ivy League, que han sido criticadas por una supuesta pérdida de rigor académico y un sesgo ideológico cada vez más acusado. Instituciones como Hillsdale College, que rechaza los fondos federales, han logrado mantener una independencia curricular que les permite adherirse a valores tradicionales y ofrecer una formación basada en los Grandes Libros. Por otro lado, iniciativas como la Universidad de Austin y el auge de pequeños *colleges*, como Saint John's College, refuerzan esta tendencia al integrar humanidades, ciencias y lenguas extranjeras en sus programas.

Otro aspecto clave de este resurgimiento es la creciente demanda social de una educación centrada en las virtudes y habilidades clásicas por parte de estudiantes y familias, quienes buscan alternativas a modelos educativos percibidos como fragmentarios o excesivamente utilitaristas. Esta búsqueda ha fomentado la adopción

---

18 K-12 hace referencia al sistema educativo estadounidense que abarca desde el *kindergarten* (educación infantil) hasta el grado 12, equivalente al último curso de bachillerato en España. Incluye los niveles de educación infantil, primaria, secundaria obligatoria y bachillerato.

19 Rachel Alexander Cambre, «*Classical Schools in America: A Movement of Hope*», en First Principles, no. 100 (Heritage Foundation, August 2024)

de currículos que priorizan los programas basados en los Grandes Libros y la formación ética, apostando por un modelo educativo menos fragmentado y más holístico, capaz de abordar los retos contemporáneos desde una perspectiva amplia e integrada.

El informe de Harvard de 1945, *General Education in a Free Society*, destacó que la educación liberal democratiza el ideal formativo, extendiéndolo a toda la ciudadanía en lugar de limitarlo a una élite privilegiada[20]. Este principio democrático sigue siendo un argumento central para los defensores contemporáneos de la educación liberal. Este enfoque subraya que la utilidad de las artes liberales no se reduce al ámbito profesional, sino que contribuye a la formación de personas comprometidas con el bienestar colectivo. La educación liberal clásica responde, además, a la necesidad de unir excelencia académica con una sólida preparación ética y moral. Este modelo no solo desarrolla competencias intelectuales, sino que también cultiva el carácter, la capacidad de razonamiento y los principios democráticos, esenciales tanto en el ámbito profesional como en la vida pública. En un mundo globalizado y políticamente complejo, esta aproximación educativa se erige como una herramienta clave para formar líderes íntegros y responsables, capaces de preservar y enriquecer la herencia cultural e intelectual de Estados Unidos. En un contexto de creciente automatización y desarrollo de la inteligencia artificial, que está reemplazando progresivamente funciones técnicas y especializadas, la educación liberal adquiere un renovado valor. Las capacidades humanísticas como el juicio ético, el pensamiento crítico contextualizado y la comprensión de la condición humana se revelan precisamente como aquellas menos reemplazables por la tecnología, otorgando a las humanidades una relevancia paradójicamente mayor en la era digital.

En contraposición a los movimientos postmodernos, que cuestionan conceptos fundamentales como la verdad objetiva y la identidad personal, la educación liberal clásica se erige como un antídoto frente a estas narrativas relativistas. Recupera las fuentes clásicas y fomenta la lectura directa de obras que han dado forma a la civilización occidental, promoviendo una ciudadanía ilustrada y consciente de los fundamentos constitucionales y las libertades civiles. Este renacimiento educativo no solo responde a los desafíos contemporáneos, sino que también preserva los valores formativos y el pensamiento crítico necesarios para sostener una sociedad libre y próspera.[21]

---

20 Justin Buckley Dyer y Constantine Christos Vassiliou, *Liberal Education and Citizenship in a Free Society*, Columbia, University of Missouri Press, 2023, p. 4.

21 Rachel Alexander Cambre, «*Liberal Education's Antidote to Indoctrination*», *en* First Principles, no. 109 (Heritage Foundation, January 2025),

III. Historia de la educación liberal en Estados Unidos

A. Raíces hispano-jesuitas y la influencia de la *Ratio Studiorum*

La educación liberal en Estados Unidos encuentra una de sus principales raíces en el modelo hispano-jesuita, fundamentado en la *Ratio Studiorum* de 1599. Este documento, elaborado por la Compañía de Jesús, estableció un sistema educativo integral centrado en la retórica, la dialéctica y la formación humanística del estudiante. A través de los *colleges* jesuitas en América, estas ideas se transmitieron al Nuevo Mundo, consolidando un enfoque educativo clásico-humanista. Aunque muchas de estas instituciones evolucionaron hacia universidades de investigación, en algunas persiste el legado clásico que enfatiza la integración del conocimiento y el desarrollo moral.[22]

La *Ratio Studiorum* representó un modelo de rigor intelectual y formación humanista. Su currículo, organizado en torno a materias clásicas como teología, filosofía, latín y griego, se estructuraba bajo un esquema pedagógico que privilegiaba el método socrático y un aprendizaje global. Este documento estableció un paradigma educativo influyente tanto en Europa como en América.[23] Sin embargo, la estructura de la *Ratio* no surgió de manera aislada; se basó en las tradiciones clásicas de Platón y Aristóteles, quienes destacaron la importancia de la dialéctica y el cultivo de las virtudes como fundamentos del aprendizaje. En 1832, la *Ratio* fue revisada para incorporar disciplinas modernas como historia, geografía, matemáticas y ciencias naturales, ampliando así su alcance para responder a las necesidades de una educación más amplia.[24] La influencia de este modelo pedagógico se materializó en la fundación y desarrollo de instituciones educativas que perduran hasta nuestros días.

---

22 John W O'Malley, *The First Jesuits*. Cambridge: Harvard University Press, 1993, Capítulo 6: «The Schools», pp. 200-225.

23 Allan P. Farrell, *The Jesuit Code of Liberal Education: Development and Scope of the Ratio Studiorum*. Milwaukee: Bruce Publishing Company, 1938, Capítulo 16: «The Ratio Studiorum and Contemporary Education», p. 401.

24 Allan P. Farrell, *The Jesuit Code of Liberal Education: Development and Scope of the Ratio Studiorum*. Milwaukee: Bruce Publishing Company, 1938, Capítulo 15: «The Revised Ratio Studiorum of 1832», p. 365.

Universidades como Georgetown (1789), Boston College (1863) o Fordham University (1841) adoptaron elementos de este modelo, integrando un currículo humanista donde las disciplinas clásicas y científicas coexistían con una sólida formación moral. Aunque la *Ratio* fue concebida en un contexto europeo, sus principios se adaptaron a las necesidades de una sociedad en formación, aportando al desarrollo de ciudadanos bien preparados para la vida pública.[25] Pronto, la influencia de la *Ratio Studiorum* en Estados Unidos trascendió las instituciones jesuitas. El legado jesuita no operó de manera aislada, sino que coexistió y dialogó con otras tradiciones, como la protestante, que también integraron la formación ética y humanista en sus planteamientos educativos, generando un enriquecimiento mutuo. La combinación de estas influencias sentó las bases del modelo de educación liberal que caracteriza a Estados Unidos, destacándose por su énfasis en la preparación completa del estudiante y su conexión con los ámbitos político y espiritual.

B. La educación colonial protestante y John Witherspoon

La tradición protestante en la América colonial desempeñó un papel crucial en el desarrollo de la educación liberal. Instituciones como Harvard, Yale y Princeton se fundaron con el propósito de formar clérigos y líderes con una sólida base en humanidades clásicas, estableciendo un legado educativo que influiría significativamente en el desarrollo de la nación. Entre los principales arquitectos de esta tradición destaca John Witherspoon, un presbiteriano nacido en Escocia, quien asumió la presidencia del *College of New Jersey* (actual Princeton University) en 1768 y transformó profundamente su orientación educativa. Bajo su liderazgo, Princeton pasó de ser un centro dedicado exclusivamente a la formación de ministros protestantes a convertirse en una institución orientada a la preparación de líderes sociales y políticos.[26]

Witherspoon introdujo reformas significativas en la universidad, como la ampliación de la biblioteca, la incorporación de equipos científicos y la enseñanza de la filosofía moral, una disciplina clave para la formación de ciudadanos responsables.[27] Influenciado por el *realismo del sentido común* escocés, logró combinar los ideales de la Ilustración con una cosmovisión cristiana, forjando una síntesis innovadora que equilibraba la formación académica y el desarrollo personal de sus estudiantes.[28] El impacto de su enfoque se reflejó en figuras prominentes como James Madison, quien más tarde se convertiría en presidente de los Estados Unidos.

---

25   Kathleen A. Mahoney, *Catholic Higher Education in Protestant America: The Jesuits and Harvard in the Age of the University*, Baltimore: Johns Hopkins University Press, 2003, pp. 117-122.

26   Garry Wills, *Inventing America: Jefferson's Declaration of Independence*, New York: Doubleday, 1978.

27   Douglas Sloan, *The Scottish Enlightenment and the American College Ideal*, New York: Teachers College Press, 1971.

28   Jeffrey H. Morrison, *John Witherspoon and the Founding of the American Republic: Catholicism in American Culture. Notre Dame*, University of Notre Dame Press, 2005, p. 121.

La visión educativa de Witherspoon ejemplifica cómo la educación colonial protestante compartía con el legado jesuita un énfasis en la formación personal y política sólida. Esta dedicación se materializó en leyes como el *Old Deluder Satan Act*, que fomentaron la educación reglada en las comunidades puritanas con el objetivo de garantizar que los ciudadanos pudieran leer y comprender las Escrituras. Este enfoque, centrado en valores morales y espirituales, consolidó una tradición educativa orientada a la formación de ciudadanos comprometidos con el bien común y los ideales democráticos.

C. Transformaciones en el siglo xix y xx: del modelo alemán a la expansión masiva

El sistema universitario estadounidense experimentó profundas transformaciones durante el siglo xix, especialmente tras la Guerra Civil americana, cuando se adoptó el modelo alemán de universidad investigadora (Humboldtiana). Este modelo priorizaba la investigación disciplinar y la formación de posgrado, marcando un giro significativo respecto al enfoque clásico de las artes liberales. Como resultado, los currículos tradicionales –centrados en la formación humanista– comenzaron a ser desplazados por una mayor especialización y segmentación del conocimiento. La creación de departamentos y la orientación hacia la investigación constituyeron una ruptura con el enfoque integral heredado de las tradiciones jesuita y protestante.

Tras la Segunda Guerra Mundial, la educación superior en Estados Unidos vivió una expansión masiva sin precedentes gracias al *GI Bill*, que permitió a millones de excombatientes acceder a estudios universitarios. Este fenómeno dio lugar al surgimiento de las denominadas «multiversidades», instituciones caracterizadas por su gran tamaño, su especialización técnica y su diversidad académica. A pesar de este giro hacia la tecnificación y la investigación, hubo intentos por revitalizar los ideales de la educación liberal. Un ejemplo destacado es el movimiento liderado por Robert Maynard Hutchins en la Universidad de Chicago, que defendió la lectura de textos clásicos como eje central del currículo educativo.

Durante la segunda mitad del siglo xx, la tensión entre la especialización técnica y la formación global se intensificó. Iniciativas como el *General Education Movement* intentaron preservar un espacio para las humanidades, pero la creciente inversión federal en investigación científica desplazó progresivamente el componente humanista en las universidades. En este contexto, instituciones como la University of Dallas y Hillsdale College se comprometieron firmemente con la preservación de los ideales clásicos, defendiendo un modelo educativo que combina rigor académico y virtudes clásicas.

En el siglo XXI, con el auge de la inteligencia artificial y la automatización de tareas técnicas, la educación liberal enfrenta un contexto paradójicamente favorable. Mientras las competencias técnicas específicas se vuelven progresivamente más automatizables, las capacidades cultivadas por la tradición liberal clásica –como el juicio ético, el pensamiento crítico contextualizado y la comprensión profunda de la naturaleza humana–emergen como habilidades distintivamente humanas y resistentes a la automatización. Este nuevo panorama tecnológico ofrece una oportunidad histórica para la revalorización de las humanidades y del modelo educativo integral, en línea con las mejores tradiciones de la educación liberal estadounidense.

IV. Modelos contemporáneos y fundamentos clásicos en la educación liberal

Para comprender plenamente los modelos contemporáneos de educación liberal, resulta imprescindible remontarse a sus orígenes filosóficos. Aunque el contexto actual, especialmente en Estados Unidos, ha adaptado estos principios a nuevas realidades culturales, sociales y políticas, su esencia sigue siendo el fruto de una tradición milenaria que armoniza los métodos del pasado con las necesidades del presente. Esta simbiosis histórica permite identificar cómo los fundamentos clásicos, desarrollados por figuras como Sócrates, Platón, Aristóteles e Isócrates, han dado forma a un enfoque educativo que sigue siendo relevante en la formación de individuos críticos, responsables y reflexivos.

Este enfoque, que John Henry Newman y Russell Kirk describieron como la búsqueda de un «estado filosófico de la mente», combina la acumulación de información con la capacidad de análisis profundo y el compromiso con el bien común.[29] Desde Aristóteles, quien en su *Ética a Nicómaco* enfatizó la importancia de inculcar buenos hábitos desde la infancia, hasta John Adams y Thomas Jefferson, que consideraban la educación liberal fundamento indispensable para una sociedad libre, la tradición subraya la formación del juicio crítico como base para una ciudadanía activa y responsable.[30]

Los modelos contemporáneos de educación liberal han heredado estos principios y los han adaptado a través de prácticas como el diálogo, la lectura de textos fundamentales y un enfoque interdisciplinario que abarca múltiples áreas del saber. En este sentido, los ideales clásicos se han integrado con las necesidades del siglo XXI para abordar los retos de una sociedad globalizada y tecnológicamente avanzada, revelando la permanente actualidad de principios formativos que trascienden las épocas y contextos específicos.

---

29 John Henry Newman, *The Idea of a University*, Longmans, Green, 1899; Russell Kirk, *The Conservative Mind: From Burke to Eliot*, Henry Regnery Company, 1953.

30 Aristóteles, *Ética a Nicómaco*, John Adams, *Thoughts on Government*, y Thomas Jefferson, *A Bill for the More General Diffusion of Knowledge*.

A. Orígenes filosóficos: Sócrates, Platón e Isócrates

Entre los pilares de la educación liberal en Occidente se encuentran Sócrates, Platón y Aristóteles, aunque la contribución de Isócrates, maestro y orador de la Antigua Grecia determinante en la configuración del modelo educativo occidental, pese a estar menos reconocida.

Platón, a través del método socrático, enfocó la educación en la búsqueda de la verdad mediante el diálogo, un proceso que no solo desarrollaba el intelecto, sino también moldeaba el carácter como una transformación profunda del alma hacia la verdad. Isócrates, en cambio, adoptó un enfoque más práctico, orientado al desarrollo de personas preparadas para actuar y comunicarse con eficacia en la vida pública, anticipando lo que siglos después se conocería como educación cívica.[31] Según él, la educación debía enseñar a pensar con claridad, hablar con precisión y actuar con responsabilidad, combinando el aprendizaje intelectual con la preparación para enfrentar los desafíos de la sociedad.[32]

La principal diferencia entre ambos enfoques residía en sus objetivos y en su concepción del conocimiento. Platón concebía la educación como un proceso de búsqueda de la verdad absoluta, reservado a quienes tenían la capacidad de alcanzar las formas más elevadas del conocimiento mediante la dialéctica, privilegiando así una visión más trascendente y metafísica del aprendizaje.[33] , Isócrates, en cambio, concebía la educación como una herramienta práctica para la vida diaria y la mejora de la comunidad.[34]

El modelo de Isócrates, que integraba la enseñanza de habilidades comunicativas con una preparación intelectual sólida, tuvo una influencia notable en la tradición humanista y en instituciones educativas de inspiración jesuita. Estas tradiciones combinaban literatura, filosofía y retórica, ofreciendo a los estudiantes una formación global y profunda. En contraste, el modelo «socrático» puro, que se observa en los programas basados en los *Grandes Libros* de instituciones como St. John's College o Thomas Aquinas College, es relativamente reciente en Estados Unidos, habiendo tomado forma definida principalmente en el siglo XX como respuesta a la creciente especialización universitaria. Aunque inspirado en Platón, también reconoce la aportación práctica y ética de Isócrates, demostrando cómo ambas perspectivas han coexistido y enriquecido la educación liberal a lo largo de los siglos.

El contraste entre Platón e Isócrates revela dos enfoques complementarios de la educación clásica. Platón priorizaba la búsqueda de la verdad mediante el diálogo y el razonamiento filosófico, mientras que Isócrates veía la educación como un medio para preparar a las personas para la acción y la toma de decisiones. Este

---

31 Henri-Irénée Marrou, *A History of Education in Antiquity,* trad. George Lamb (Madison, WI: University of Wisconsin Press, 1956), pp. 119-128. Véase especialmente el capítulo VII, «The Masters of the Classical Tradition. H. Isocrates».

32 *Ibid.* Marrou, *A History of Education in Antiquity*, pp. 124-127.

33 Platón, *La República*, VII.

34 Richard M. Gamble (ed.), *The Great Tradition*, pp. 55-57.

equilibrio ha generado una tradición educativa que integra disciplinas como la filosofía, las ciencias, la literatura, la historia y las lenguas clásicas, permitiendo a los estudiantes analizar problemas desde múltiples perspectivas y cultivar la virtud tanto en su vida personal como en la esfera pública.[35]

Es importante subrayar que la aparente tensión pero fundamental complementariedad entre la tradición filosófica platónica y la retórica isocrática han enriquecido profundamente la educación liberal, generando una síntesis fecunda que perdura hasta nuestros días. De este diálogo nace la idea de un currículo equilibrado que no se limite únicamente a la lógica, las matemáticas o la dialéctica, ni exclusivamente a la persuasión y a la expresión literaria, sino que aspire a integrar diversos saberes: filosofía, ciencias, lenguas clásicas, historia, literatura, arte, entre otros. Este enfoque no solo forma individuos competentes en el ámbito académico, sino también ciudadanos preparados para liderar con responsabilidad y justicia.[36] En su concepción clásica, la educación liberal tiene como objetivo principal preparar a los estudiantes para una vida activa y reflexiva en sociedad. Isócrates, Aristóteles y Cicerón coincidían en que una formación sólida debía combinar el pensamiento crítico con habilidades prácticas, promoviendo el liderazgo responsable y el compromiso con el bien común, ideales que siguen constituyendo el núcleo ético de la mejor educación liberal contemporánea.

B. Enfoques contemporáneos: Grandes Libros vs. artes liberales

1. Panorama actual y programas de Grandes Libros

El panorama educativo contemporáneo en Estados Unidos alberga una diversidad de modelos que buscan preservar y renovar la educación liberal. De estos, sobresalen particularmente los enfoques de los Grandes Libros y las artes liberales, ambos con el objetivo común de formar a los estudiantes acorde a los principios mencionados anteriormente. Sin embargo, difieren en sus métodos y alcance.

Los programas de Grandes Libros constituyen una herramienta esencial para transmitir la herencia cultural e intelectual de Occidente, centrándose en textos fundamentales, mientras que las artes liberales abarcan una formación más amplia, integrando diversas disciplinas como humanidades, ciencias, matemáticas y ciencias sociales. Ambos enfoques comparten la intención de preparar a los estudiantes para interpretar y comprender la realidad desde diferentes perspectivas, fomentando un aprendizaje interdisciplinario que desarrolla la reflexión crítica y la capacidad argumentativa.

---

35 Richard M. Gamble (ed.), *The Great Tradition*, pp. 60-63.

36 Richard M. Gamble (ed.), *The Great Tradition*, pp. 100-105.

El enfoque de los Grandes Libros se basa en la lectura estructurada y profunda de textos canónicos que han dado forma a la tradición intelectual occidental. Autores como Homero, Platón, Aristóteles, Shakespeare, Dante, Kant y Dostoyevski constituyen el núcleo de este método, organizado de manera cronológica o temática para que los estudiantes puedan trazar la evolución del pensamiento humano a lo largo del tiempo. El propósito principal es que los estudiantes interactúen directamente con estas obras, desarrollando un hábito reflexivo y dialógico que les permita profundizar en las cuestiones filosóficas, estéticas y morales que plantean.

En su influyente obra *The Closing of the American Mind*, Allan Bloom destaca tanto los desafíos como el potencial transformador de este enfoque. Según él, la lectura de los Grandes Libros puede conectar a los estudiantes con las grandes preguntas de la humanidad, aunque también enfrenta dificultades prácticas, como la comprensión de textos en su idioma original o en su profundidad conceptual. Por su parte, Gregory McBrayer señala que estos textos son fundamentales para cultivar tanto el intelecto como una conexión profunda con la realidad.[37]

Instituciones como Saint John's College han adoptado este modelo de forma emblemática, centrando sus currículos exclusivamente en textos primarios y fomentando un diálogo reflexivo entre los estudiantes y las obras maestras de la tradición occidental. Este método no solo introduce a los estudiantes en el debate intelectual de las generaciones anteriores, sino que también les permite participar en una conversación continua y enriquecedora que abarca siglos de pensamiento.

La lectura de los clásicos, defendida por autores como Leo Strauss, fomenta tanto la humildad necesaria para aprender del pasado como la valentía intelectual para cuestionar sus premisas.[38] Según Strauss, esta metodología permite a los estudiantes profundizar en las cuestiones esenciales de la vidamediante un diálogo constante entre ideas contrapuestas. Este enfoque, que rechaza la imposición de perspectivas únicas, ayuda a los estudiantes a desarrollar un pensamiento crítico que combina reflexión y valentía intelectual.[39]

Instituciones como *Hillsdale College* y *Thomas Aquinas College* han implementado con éxito programas basados en los Grandes Libros, integrándolos en sus currículos para demostrar la eficacia de este modelo. Estas lecturas no solo transmiten conocimientos, sino que también desarrollan la capacidad de los estudiantes para conectar con la realidad de una manera profunda y formativa, cultivando tanto el pensamiento crítico como una comprensión más plena de la experiencia humana.

---

37 Gregory A. McBrayer, «The Paradox of Liberal Education and Modernity» en *New Challenges to Liberal Education* (Cambridge: Cambridge University Press, 2023), p. 407.

38 Richard M. Gamble (ed.), *The Great Tradition*, pp. 515–518.

39 Leo Strauss, «What Is Liberal Education?» en *Liberalism Ancient and Modern*.

Los Grandes Libros no son simplemente una colección de obras significativas, sino herramientas esenciales para formar ciudadanos libres y líderes prudentes. Este enfoque permite a los estudiantes leer y discutir textos clásicos en diversas disciplinas, desde física hasta filosofía y literatura, promoviendo un aprendizaje integral y participativo. Este modelo contrasta con la tendencia hacia una especialización temprana que caracteriza a otros sistemas educativos, ofreciendo una formación que combina amplitud intelectual y profundidad personal.

2. Artes liberales

A diferencia del enfoque más centrado en textos canónicos, el modelo de las artes liberales busca ofrecer una formación versátil que permita a los estudiantes adquirir competencias en diversas áreas del conocimiento, promoviendo una comprensión integrada de la realidad. En centros interdisciplinarios como el *Center for Economics, Politics and History* (CEPH) de la Universidad de Austin, este enfoque se combina con el uso de métodos tanto cuantitativos como cualitativos, integrando herramientas como estadística, econometría y análisis histórico-comparativo para abordar problemas complejos.[40] Además, estos programas incluyen la lectura de textos fundacionales, que permiten contrastar paradigmas clásicos con estudios contemporáneos.

El estudio de las artes liberales no tiene como único objetivo la transmisión de conocimiento, sino también el cultivo del carácter mediante una práctica constante de acciones orientadas al desarrollo personal y colectivo. Este modelo no se limita a una acumulación de información o un ejercicio meramente intelectual, sino que aspira a enseñar a los estudiantes cómo llevar una vida plena y llena de significado.[41] Las artes liberales se consideran herramientas esenciales para formar personas capaces de tomar decisiones informadas y equilibradas que contribuyan al bienestar de la sociedad. Este enfoque hace hincapié en la importancia de la prudencia y la acción práctica, asegurando que la educación no se reduzca a un ideal abstracto, sino que integre las responsabilidades concretas del presente con una visión orientada hacia los ideales.

Instituciones que adoptan este modelo suelen combinar la enseñanza de los Grandes Libros con un enfoque más amplio de las artes liberales, destacando la formación completa del estudiante. Sin embargo, el término *Liberal Arts* ha perdido claridad en muchas instituciones, resultando en programas fragmentados que carecen de coherencia y dificultan la articulación de una misión educativa clara. Frente a este problema, el concepto original de las artes liberales abarca disciplinas como humanidades, ciencias naturales, ciencias sociales y matemáticas, conformando un plan de estudios equilibrado que busca la amplitud del saber.

40　University of Austin, *The Center for Economics, Politics, and History (CEPH)*,. Accedido el 25 de octubre de 2024. https://www.uaustin.org/ceph#program-layout.

41　Matthew D. Mehan, «In Real Time: The Temporal Order of the Liberal Arts», en *The Imaginative Conservative*, 23 de agosto de 2019.

En algunos casos, la flexibilidad curricular ha permitido a los estudiantes evitar materias esenciales, lo que ha conducido a una proliferación de asignaturas hiperespecializadas y carentes de rigor conceptual, amenazando la formación completa que las artes liberales buscan ofrecer. Sin embargo, modelos como el de Hillsdale College han logrado preservar esta tradición, integrando los principios clásicos del *trivium* (gramática, lógica y retórica) y el *quadrivium* (aritmética, geometría, música y astronomía). Esta estructura asegura que todos los estudiantes adquieran una base sólida y multidisciplinar, fomentando una comprensión integral del conocimiento que les permite abordar problemas complejos desde distintas perspectivas.

Además, las artes liberales combaten la falta de madurez asociada a la adolescencia prolongada, cultivando en los estudiantes un sentido de responsabilidad y una conexión con ideales universales como la verdad, la bondad y la belleza. Esto contrasta con enfoques que priorizan exclusivamente la especialización temprana, ofreciendo en cambio una formación equilibrada que integra humanidades, filosofía y teología, junto con una preparación profesional adaptada al mundo contemporáneo.

El ensayo *The Arts of Liberty* amplía esta visión, definiendo las artes liberales como disciplinas que forman a las personas en su totalidad: mente, carácter y acción.[42] Según este enfoque, estas disciplinas buscan liberar al individuo de las restricciones intelectuales y morales impuestas por la ignorancia o el egoísmo, sentando las bases para una vida virtuosa que combine claridad de pensamiento, justicia en la acción y propósito en la vida.

En el panorama actual, instituciones como Thomas Aquinas College y Hillsdale College destacan por sus interpretaciones de las artes liberales. Mientras que Thomas Aquinas College pone un énfasis especial en la filosofía y la teología católica, Hillsdale College combina la filosofía política estadounidense con el pensamiento cristiano. Por su parte, la University of Chicago adopta una perspectiva más moderna, inspirada en Aristóteles y otros pensadores clásicos, en contraste con la visión más tomista de Thomas Aquinas College. Una característica distintiva de esta última institución es su dedicación a la filosofía de la naturaleza, una disciplina central desde su fundación en 1971 y en la que sigue destacando, aunque otras instituciones, como Benedictine College, han comenzado a incluirla en sus programas.[43]

Integrated Humanities Program (IHP)

En este contexto de diversidad de aproximaciones a las artes liberales, merece especial atención el Integrated Humanities Program (IHP), desarrollado en la Universidad de Kansas durante las décadas de 1970 y 1980. Este programa, fundado por John Senior, Dennis Quinn y Frank Nelick, combinaba la lectura intensiva de textos clásicos con métodos pedagógicos innovadores, como los seminarios socráticos y la discusión dialógica. Su enfoque era tan atractivo que incluso los padres de los alumnos mostraban interés en asistir a las clases.

---

42 Matthew D. Mehann, *The Arts of Liberty*, The Heights, December 11, 2015, https://heights.edu/essay/the-arts-of-liberty/.

43 Benedictine College, *Course Catalog*, accedido el 15 de octubre de 2024, https://coursecatalog.benedictine.edu.

El objetivo del IHP no era únicamente impartir conocimientos, sino también cultivar en los estudiantes una disposición filosófica y una sensibilidad ética. A pesar de su éxito, que atrajo a numerosos estudiantes, el programa enfrentó críticas dentro de la administración universitaria, que lo percibía como una amenaza a las tendencias académicas dominantes, más centradas en el escepticismo intelectual y la fragmentación disciplinar. Aunque el programa cerró oficialmente en 1979, su legado perdura en instituciones como Wyoming Catholic College y Clear Creek Abbey, que continúan promoviendo una educación basada en los Grandes Libros y en una formación completa.

C. Ejemplos destacados de instituciones

1. Instituciones clásicas

En el panorama de la educación estadounidense, diversas instituciones destacan por compartir características que las vinculan con los principios fundamentales de la educación liberal clásica, como el enfoque en los Grandes Libros, el método socrático y la formación académica y humanista. Sin embargo, cada una se distingue por particularidades que reflejan sus valores fundacionales y su capacidad de adaptación a las demandas del mundo contemporáneo. Estas instituciones no solo preservan los fundamentos clásicos de la educación, sino que también innovan para preparar a los estudiantes apara enfrentar los desafíos del siglo XXI, revitalizando así la tradición humanista en un contexto global.

Una crítica recurrente hacia estas instituciones es la acusación de que podrían incurrir en un adoctrinamiento tradicionalista. Sin embargo, esta percepción se desmonta al analizar el método crítico que proponen a los estudiantes, un enfoque que no busca afianzar una postura tradicionalista, sino que explora de manera rigurosa y fundamentada un amplio abanico de perspectivas. Es crucial diferenciar entre una educación de calidad y el adoctrinamiento. Mientras que los programas que restringen el debate abierto excluyen textos clásicos o priorizan narrativas ideológicas sobre el pensamiento crítico tienden a caer en prácticas adoctrinantes, las instituciones comprometidas con el diálogo socrático, el estudio de textos fundamentales y la búsqueda genuina de la verdad fomentan la autonomía intelectual y el desarrollo ético. Estos modelos no solo preparan a los estudiantes para participar de forma activa en la sociedad, sino que también los capacitan para analizar la realidad con un criterio sólido y reflexivo.[44]

La educación liberal, contrariamente a estas críticas, no busca reforzar una visión preestablecida, sino fomentar una reflexión crítica que se base en la argumentación rigurosa y en el razonamiento heredado de la tradición intelectual. Aunque es cierto, y no casual, que los conservadores suelen valorar el respeto por la tradición, estas

---

44 Rachel Alexander Cambre, «Liberal Education's Antidote to Indoctrination», en *First Principles* No. 109.

instituciones no limitan sus estudios a obras que confirmen posiciones ideológicas específicas. Por el contrario, abren el espectro de pensamiento, explorando ideas de diversa índole y promoviendo un enfoque crítico que desideologiza al alumno, dotándole de la capacidad para reflexionar de manera independiente y construir argumentos bien fundamentados.

Hillsdale College

Como primer caso de estudio, Hillsdale College, fundado en 1844 en la localidad de Hillsdale, Michigan, se presenta como un modelo representativo de la educación liberal clásica. Desde sus orígenes, la institución se ha comprometido con la combinación de la formación intelectual y el desarrollo moral, revitalizando los ideales clásicos dentro de un contexto moderno. Una de sus características más destacadas es su independencia financiera, que se asegura mediante la renuncia a fondos gubernamentales. Esta autonomía permite que Hillsdale diseñe programas educativos alineados plenamente con sus principios fundacionales, sin verse influido por restricciones políticas o ideológicas externas.

Hillsdale College destaca por su enfoque en la integración del conocimiento mediante el estudio de la filosofía. Su curso *The Western Philosophical Tradition* introduce a los estudiantes en la historia del pensamiento occidental, desde los presocráticos hasta el siglo xx, resaltando cómo la filosofía conecta las distintas disciplinas en una visión unificada de la realidad[45] Este enfoque se alinea con la idea de John Henry Newman sobre el propósito de la universidad como un lugar donde las ramas del saber no solo se enseñan de manera independiente, sino que deliberadamente se relacionan y complementan entre sí para ofrecer una comprensión más profunda e integrada de la realidad.

El código de honor de la institución elemento distintivo de Hillsdale, constituye una declaración de valores que guía tanto la vida académica como la personal de los estudiantes. Este código promueve la responsabilidad personal como medio para alcanzar la «libertad del alma», un concepto que subraya la importancia de controlar las pasiones mediante la razón y cultivar hábitos alineados con la virtud. Este ideal, profundamente arraigado en la tradición clásica, integra la excelencia moral y académica, destacando que el desarrollo ético es inseparable del aprendizaje intelectual.[46]

El currículo académico de Hillsdale College exige que todos los estudiantes completen un plan de estudios común que abarca humanidades, ciencias naturales y ciencias sociales, fomentando un aprendizaje interdisciplinario que conecta la literatura, las ciencias, la filosofía y las artes. Este plan incluye asignaturas fundamentales

---

45   Hillsdale College. «Philosophy at Hillsdale College: The University and the Liberal Arts», en *Hillsdale Blog*. Accedido el 20 de octubre de 2024. https://www.hillsdale.edu/hillsdale-blog/academics/classical-liberal-arts/philosophy-university-hillsdale-college/.

46   Hillsdale College. *Welcome to Hillsdale College, 2024–2025 Catalog*. Accedido el 20 de octubre de 2024. https://catalog.hillsdale.edu/welcome-to-hillsdale-college.

como lógica, retórica, filosofía y teología, proporcionando una base sólida para el pensamiento crítico, la argumentación rigurosa y la reflexión sobre temas universales como la justicia, la libertad y la naturaleza humana. Entre los cursos más destacados se encuentran *Grandes libros de la tradición occidental*, *Grandes libros de las tradiciones británica y americana* y *Tradición filosófica occidental*, que ofrecen un análisis exhaustivo de textos clásicos y pensadores clave, desde Sócrates hasta autores modernos. Además, asignaturas como *Lógica clásica y retórica* preparan a los estudiantes en la construcción y análisis de argumentos, culminando en el curso *Liberal Arts Capstone*, que permite a los alumnos sintetizar los conceptos adquiridos a lo largo de su formación y explorar su aplicación en la práctica. Este enfoque refleja el compromiso de Hillsdale con una formación que trasciende las disciplinas individuales y ofrece una visión cohesiva del conocimiento.[47]

Hillsdale College fomenta una «sociedad de confianza», en la que estudiantes e institución asumen responsabilidades compartidas, promoviendo la virtud y el respeto mutuo como valores esenciales. Este marco ético refuerza la importancia del bien común y la búsqueda de la excelencia personal. En consonancia con su tradición, el proceso de admisión evalúa tanto el rendimiento académico como el carácter moral, el liderazgo y la participación extracurricular de los candidatos, con el objetivo de formar líderes intelectuales y éticos.

El plan de estudios también incluye la lectura de textos clásicos que desarrollan habilidades críticas mediante el análisis de obras de autores fundamentales de la tradición occidental, entre ellos Homero, Platón, Shakespeare, Milton y Melville. Estas lecturas invitan a reflexionar sobre temas universales como la justicia, la libertad y la naturaleza humana. Este enfoque se ve complementado por el método socrático, que fomenta el diálogo crítico y reflexivo, fortaleciendo tanto el pensamiento independiente como la capacidad argumentativa de los estudiantes.

La experiencia educativa en Hillsdale se caracteriza por clases de tamaño reducido y un aprendizaje interactivo, que combina el rigor intelectual con un enfoque en el desarrollo personal. Este modelo prepara a los estudiantes no solo para el ámbito académico, sino también para asumir roles de liderazgo público, consolidando el diálogo socrático como un pilar esencial de la educación liberal clásica.

Entre las razones por las que los estudiantes valoran su experiencia en Hillsdale se encuentran aspectos como la exclusividad de las clases impartidas exclusivamente por profesores titulares, sin la intervención de *teaching assistants*, y el ambiente seguro y de confianza del campus. Un ejemplo concreto de esta cultura institucional es que los estudiantes suelen señalar que pueden dejar sus pertenencias en cualquier lugar sin preocuparse, lo que refuerza la «sociedad de confianza» que define a la institución y fomenta tanto el sentido de comunidad como los valores éticos promovidos.

---

47   Hillsdale College, *Classical Liberal Arts Core*, accedido el 20 de octubre de 2024. https://www.hillsdale.edu/academics/classical-liberal-arts-core/.

St. John's College

St. John's College, con campus en Annapolis (Maryland) y Santa Fe (Nuevo México), es una institución privada de artes liberales que se ha convertido en un referente en la educación basada en los Grandes Libros y el método socrático. Fundado originalmente en 1696 como King William's School, fue refundado en 1784 bajo su actual nombre y transformado significativamente en 1937 con la introducción de un currículo centrado en la discusión de textos fundamentales del canon occidental. Esta refundación marcó un punto de inflexión para la institución, que pasó de un modelo tradicional de colegio liberal a una comunidad académica única, comprometida con la búsqueda del conocimiento y la reflexión crítica. El modelo educativo de la institución se basa en un currículo interdisciplinario que abarca más de tres mil años de historia del pensamiento humano. A través de una experiencia educativa inmersiva, los estudiantes leen textos originales de autores fundamentales como Aristóteles, Newton y Shakespeare, explorando disciplinas como filosofía, ciencias naturales, matemáticas, literatura y teología.[48]

El enfoque de St. John's destaca por su compromiso con la reflexión crítica e independiente. Una característica distintiva es que todos los cursos se imparten en formato seminario, con grupos reducidos de veinte estudiantes o menos, lo que fomenta un diálogo abierto y profundo sobre las ideas clave de la tradición occidental. Además, la institución ofrece un único programa de grado en artes liberales que combina las humanidades y las ciencias, evitando la fragmentación del conocimiento en áreas de estudio aisladas.[49]

Entre los aspectos más distintivos del currículo se encuentra la ausencia de especializaciones, lo que permite a los estudiantes explorar de manera integrada disciplinas como historia, política, economía, música y artes. El programa culmina en un ensayo de grado, conocido como "senior essay", donde los estudiantes eligen un libro y un tema de interés para desarrollar una investigación exhaustiva bajo la supervisión de un tutor académico.

St. John's también enfatiza la conexión entre los clásicos y los desafíos contemporáneos. Este enfoque interdisciplinario prepara a los estudiantes para adaptarse a un mundo en constante cambio, proporcionándoles las herramientas necesarias para el análisis crítico y la toma de decisiones bien fundamentadas. Su modelo educativo refuerza la idea de que el conocimiento, entendido como un todo integrado, no solo forma a ciudadanos responsables, sino que también contribuye al desarrollo personal y profesional.

---

48 St. John's College, *Undergraduate Academic Programs, Annapolis Undergraduate Readings: Seminar Classes,* and *Santa Fe Undergraduate Readings: Seminar Classes,* accedido el 25 de octubre de 2024, https://www.sjc.edu/academic-programs/undergraduate, https://www.sjc.edu/academic-programs/undergraduate/classes/seminar/annapolis-undergraduate-readings, y https://www.sjc.edu/academic-programs/undergraduate/classes/seminar/santa-fe-undergraduate-readings.

49 St. John's College. *Undergraduate Subjects*, accedido el 25 de octubre de 2024. https://www.sjc.edu/academic-programs/undergraduate/subjects.

A diferencia de otras instituciones de educación liberal mencionadas en este informe, la existencia de St. John's resulta especialmente relevante al no estar vinculado a ninguna confesión religiosa. En St. John's se puede encontrar la tradición occidental desde múltiples perspectivas, incluidas aquellas de carácter nihilista, al tiempo que promueve una educación que anima a los estudiantes a participar activamente en el diálogo intelectual.

Thomas Aquinas College

En contraste con el enfoque secular de St. John's, Thomas Aquinas College, con campus en California y Massachusetts, fue fundado en 1971 con el objetivo de preservar la tradición de las artes liberales desde una perspectiva específicamente católica. Su currículo se basa exclusivamente en los Grandes Libros y en el método socrático, un enfoque que integra las artes y las ciencias liberales como un todo interdisciplinar, eliminando deliberadamente divisiones en asignaturas, especializaciones académicas u optativas. Los estudiantes trabajan directamente con textos de autores como Aristóteles, Santo Tomás de Aquino, Shakespeare y Einstein, abordando cuestiones fundamentales sobre la naturaleza, la condición humana y los misterios divinos.[50]

La institución señala que el método socrático, junto con la ausencia de clases magistrales, fomenta el desarrollo de habilidades como el razonamiento crítico, la argumentación y el análisis, mientras que su objetivo es invitar a los estudiantes a descubrir la verdad tanto natural como sobrenatural. Este modelo no solo busca la excelencia académica, sino también formar ciudadanos libres y comprometidos desde una perspectiva cristiana. De este modo, la institución describe explícitamente su propuesta como una educación que prepara a los alumnos para vivir bien tanto la vida del ciudadano libre como la del cristiano comprometido.[51]

2. Modelos interdisciplinarios

Committee on Social Thought (Universidad de Chicago)

El Committee on Social Thought, fundado en 1941 en la Universidad de Chicago, es un programa de doctorado interdisciplinario que se centra en el estudio profundo de las grandes cuestiones fundamentales a través de textos clásicos tanto antiguos como modernos. Creado por figuras como John U. Nef, Robert Maynard Hutchins y Frank Knight, su objetivo principal es proporcionar un marco académico amplio que permita a los estudiantes abordar sus investigaciones específicas en diálogo con una cultura intelectual más amplia.

---

50 Thomas Aquinas College, *Undergraduate Catalog, 2023–2024,* accedido el 30 de octubre de 2024, https://stac.edu/academics/college-catalogs/.

51 Thomas Aquinas College. *A Liberating Education*, accedido el 30 de octubre de 2024. https://www.thomasaquinas.edu/a-liberating-education.

A diferencia de los departamentos académicos tradicionales, este comité no está estructurado en torno a una disciplina concreta ni a un enfoque interdisciplinar cerrado, sino que fomenta un ambiente en el que las disciplinas se entrecruzan, y los temas de estudio abarcan literatura, filosofía, historia, religión, arte, política y sociedad. Los estudiantes trabajan con una selección de entre 12 y 15 libros fundamentales seleccionados en consulta con sus mentores académicos, que leen y analizan en grupos de discusión, seminarios y tutorías personalizadas. Este enfoque culmina con un examen exhaustivo sobre los textos elegidos antes de que los estudiantes pasen a desarrollar sus disertaciones. [52]

El Committee on Social Thought ha contado a lo largo de su historia con la participación de destacados intelectuales como Hannah Arendt, Saul Bellow, Friedrich Hayek, T.S. Eliot y Paul Ricoeur, entre otros. Según explicaron sus fundadores, este enfoque promueve no solo la precisión académica, sino también una conciencia profunda de las cuestiones perennes que subyacen a toda investigación erudita.[53]

Al combinar métodos contemporáneos de investigación con el estudio de textos clásicos y un compromiso con la reflexión transdisciplinar, el Committee ofrece un espacio único para explorar las grandes cuestiones de la humanidad en diálogo con los desafíos actuales. Esta aproximación sigue siendo relevante por su énfasis en la interdisciplinariedad y el rigor académico. Además, al priorizar el pensamiento crítico y la libertad intelectual, la Universidad de Chicago se ha consolidado como una institución destacada en la defensa de la libertad de expresión y el debate pluralista, como lo demuestra su famosa *Declaración de Chicago*. Este comité continúa siendo un espacio vital para la reflexión profunda sobre las cuestiones fundamentales de la humanidad, promoviendo un diálogo entre ideas clásicas y contemporáneas.

University of Dallas

Como otro ejemplo destacado de institución interdisciplinaria, la University of Dallas, fundada en 1956 en Irving, Texas, destaca por su enfoque interdisciplinar que combina las artes liberales con una sólida formación en humanidades y ciencias. Según la institución, su misión se centra en la búsqueda de la sabiduría, la verdad y la virtud como fines fundamentales de la educación, proporcionando a los estudiantes herramientas intelectuales y morales para afrontar los retos de un mundo en constante transformación.[54]

El núcleo de su oferta académica es el *Core Curriculum*, una secuencia común de 19 asignaturas obligatorias para todos los estudiantes que abarca disciplinas como filosofía, teología, literatura, historia, ciencias políticas,

52 The University of Chicago, *The Committee on Social Thought*, accedido el 25 de octubre de 2024. https://socialthought.uchicago.edu.

53 The University of Chicago, *About the Committee on Social Thought*, accedido el 25 de octubre de 2024. https://socialthought.uchicago.edu/about.

54 University of Dallas Academic Catalog, 2024–2025, *Mission*, accedido el 22 de enero de 2025, https://udallas.smartcatalogiq.com/en/2024-2025/academic-catalog/about-the-university/mission/

economía, matemáticas y artes. Este plan de estudios permite a los alumnos adentrarse en los grandes textos de la tradición occidental, fomentando el análisis crítico y el diálogo en grupos reducidos, con una media de once estudiantes por profesor. Entre las obras incluidas en este programa destacan autores como Homero, Shakespeare, Aristóteles, Santo Tomás de Aquino y Dostoyevski, entre otros.[55] Una de las iniciativas más destacadas de la universidad es su *Rome Program*, elemento distintivo de la institución, que ofrece la posibilidad de cursar parte del *Core Curriculum* en su campus de Due Santi, ubicado cerca de Roma. Esta experiencia combina el aprendizaje académico con una inmersión cultural única, conectando directamente con las raíces de la civilización occidental.[56]

Desde su fundación, la universidad ha promovido el diálogo entre fe y razón, enmarcado en la tradición católica, pero respetando la autonomía de las ciencias y las artes. Este enfoque busca formar personas con una comprensión amplia de la realidad y con la capacidad de contribuir de manera significativa a la sociedad. Además de los programas de grado, la University of Dallas ofrece estudios de posgrado en filosofía, teología y literatura, ampliando así su impacto académico. Su esfuerzo por conectar la herencia intelectual clásica con los problemas contemporáneos la sitúa como un referente en la renovación de la educación liberal clásica.[57]

Universidad de Austin (UATX)

Como ejemplo de una iniciativa reciente en este campo, la Universidad de Austin (UATX), fundada en 2021, es una institución privada sin ánimo de lucro dedicada a las artes liberales, ubicada en Austin, Texas. Ha planteado un modelo educativo alternativo centrado en «la búsqueda intrépida de la verdad», respondiendo a los retos percibidos en la educación superior actual. Aunque al momento de redactar este informe todavía no cuenta con acreditación oficial, está certificada por el Texas Higher Education Coordinating Board para otorgar títulos de grado, comenzando con el Bachelor of Arts en Liberal Studies. [58]

El programa combina un currículo basado en los Grandes Libros con un enfoque interdisciplinario. Durante los dos primeros años, los estudiantes participan en el programa Fundamentos Intelectuales, que incluye quince cursos diseñados para desarrollar el pensamiento crítico y una comprensión integral de las artes, humanidades, ciencias sociales y STEM. En los dos últimos años, se especializan en centros académicos interdisciplinarios y llevan a cabo el Polaris Project, un proyecto práctico que conecta la teoría con aplicaciones concretas.

---

55   University of Dallas Academic Catalog, 2024–2025, *The Curriculum*, accedido el 22 de enero de 2025, https://udallas.smartcatalogiq.com/2024-2025/academic-catalog/constantin-college-of-liberal-arts/the-curriculum/.

56   University of Dallas, *Core Curriculum*, accedido el 22 de enero de 2025. https://udallas.edu/academics/core-curriculum/index.php.

57   University of Dallas Academic Catalog, 2024–2025, *The Constantin College of Liberal Arts*, accedido el 22 de enero de 2025, https://udallas.smartcatalogiq.com/en/2024-2025/academic-catalog/about-the-university/mission/the-constantin-college-of-liberal-arts/.

58   University of Austin, *Intellectual Foundations*, accedido el 25 de octubre de 2024. https://www.uaustin.org/intellectual-foundations.

La universidad organiza su actividad académica en varios centros, como el Center for Economics, Politics and History, el Center for Science, Technology, Engineering and Mathematics, y el Center for Arts and Letters. Estos espacios fomentan el aprendizaje desde una perspectiva amplia, conectando tradición e innovación.[59]

Desde su creación, ha logrado recaudar 200 millones de dólares en financiación privada, lo que ha permitido ofrecer becas completas a sus primeras cohortes de estudiantes. Si bien la UATX es una institución joven, aspira a jugar un papel relevante en la revitalización de la educación liberal, poniendo énfasis en el diálogo civil y la libertad intelectual.

Su propuesta ha generado opiniones diversas en el ámbito académico. Mientras algunos destacan su innovación y compromiso con el rigor académico, otros critican la falta de una trayectoria consolidada. No obstante estos desafíos iniciales, la universidad busca establecerse como un referente en la formación interdisciplinaria y el pensamiento crítico.

3. Otros ejemplos relevantes

Christendom College

Fundado en 1977 en Front Royal, Virginia, Christendom College se caracteriza por su compromiso con una educación humanista profundamente arraigada en la tradición católica. Su currículo combina los Grandes Libros, el *trivium* y el *quadrivium*, proporcionando a los estudiantes una formación integral que vincula armoniosamente los fundamentos clásicos con los retos contemporáneos. La institución mantiene un enfoque educativo que une el desarrollo intelectual y espiritual, fomentando una comprensión sólida de la verdad objetiva y la libertad académica.[60]

El plan de estudios incluye un núcleo obligatorio de 86 créditos que abarca disciplinas como teología, filosofía, historia, literatura, ciencias naturales, lenguas clásicas y modernas, economía y ciencias políticas. Destaca la importancia de la filosofía y la teología como columnas vertebrales del aprendizaje, promoviendo la reflexión sobre cuestiones fundamentales de la existencia humana. Además, los estudiantes tienen la oportunidad de pasar un semestre en Roma, donde profundizan en la historia y el arte cristiano.[61]

Christendom College destaca, según sus propias palabras, por su especial énfasis en la formación del carácter y las virtudes, combinando una educación académica rigurosa con una vida universitaria inmersa en una

---

59 University of Austin, *Mission Statement*, accedido el 25 de octubre de 2024, https://www.uaustin.org.

60 Christendom College, *Undergraduate bulletin 2024-2025* https://www.christendom.edu/academics/bulletin/

61 Christendom College. *The Core Curriculum*, accedido el 25 de octubre de 2024. https://www.christendom.edu/academics/the-core-curriculum/.

cultura católica vibrante. En este entorno, se busca fomentar el pensamiento crítico, el razonamiento moral y la capacidad de comunicación efectiva, habilidades que, según afirma, preparan a los estudiantes para contribuir en diversos campos profesionales y servir a sus comunidades.

La institución reafirma su inquebrantable fidelidad al Magisterio de la Iglesia, ejemplificada en el inicio de cada año académico, cuando el profesorado realiza un juramento de fidelidad, garantizando que su enseñanza esté alineada con los principios de la doctrina católica. En sus propios términos, esta combinación de formación académica, compromiso espiritual y defensa de la excelencia posiciona a Christendom College como un referente en el ámbito de la educación superior católica y liberal.

Benedictine College

Fundado en 1858 en Atchison, Kansas, Benedictine College combina la tradición monástica benedictina con una sólida formación en artes liberales. Inspirado por la herencia de mil quinientos años de dedicación benedictina al aprendizaje, su misión se centra en proporcionar una educación que integre fe, razón y comunidad.[62] La institución subraya la importancia de desarrollar una comprensión profunda de uno mismo, de Dios, y del papel del individuo en la sociedad y la familia.[63]

Benedictine College ofrece un amplio espectro académico que comprende más de cincuenta programas de grado, así como varios programas de máster y opciones preprofesionales. Destacan iniciativas como el programa de los Grandes Libros, que introduce a los estudiantes a las obras fundamentales del pensamiento occidental, y los programas de liderazgo y aprendizaje-servicio, que combinan el rigor académico con experiencias prácticas y comunitarias.[64]

La universidad también enfatiza su carácter residencial, configurando un entorno comunitario que cultiva simultáneamente el crecimiento intelectual y el personal. La vida en el campus está diseñada para fomentar la reflexión ética, el pensamiento crítico y el compromiso con el bienestar de los demás. Según la institución, este modelo educativo prepara a los estudiantes no solo para el éxito profesional, sino también para desempeñar roles de liderazgo en un mundo en constante cambio, respetando a la vez los valores fundamentales de la tradición occidental y la enseñanza católica.[65]

---

62 Benedictine College, *Mission Statement* Accedido el 27 de octubre de 2024. https://www.benedictine.edu/about/mission.

63 Benedictine College. *Course Catalog.* accedido el 27 de octubre de 2024. https://coursecatalog.benedictine.edu.

64 Benedictine College, *Degrees and Academic Programs*, accedido el 27 de octubre de 2024. https://www.benedictine.edu/academics/degrees.

65 Benedictine College, *Points of Excellence*, accedido el 27 de octubre de 2024. https://www.benedictine.edu/about/points-excellence.

4. El rol de los exámenes en la educación liberal

Los exámenes estandarizados han sido una métrica clave en la educación superior, proporcionando una herramienta para evaluar el desempeño académico y facilitar el acceso a las universidades. Sin embargo, su enfoque en habilidades cuantificables ha recibido críticas, especialmente de los defensores de una formación más completa como la educación liberal clásica, la cual valora el pensamiento crítico, la lectura de textos clásicos y la formación ética.

En este contexto, el Classic Learning Test (CLT), establecido en 2015, ha surgido como una alternativa significativa a los exámenes tradicionales como el SAT y el ACT. El CLT evalúa las competencias de los estudiantes mediante un enfoque basado en textos clásicos y razonamiento crítico, alineándose con los valores centrales de la tradición de los Grandes Libros. Concretamente, el CLT incluye secciones de lectura, escritura y matemáticas, donde los pasajes de lectura provienen de obras literarias, documentos históricos y textos filosóficos de autores como Platón, Shakespeare y Martin Luther King Jr. Esto permite evaluar no solo el conocimiento factual, sino también la capacidad de los estudiantes para pensar críticamente y reflexionar sobre ideas complejas.

El CLT consta de tres secciones principales: Razonamiento Verbal, Gramática/Escritura y Razonamiento Cuantitativo. En la sección de Razonamiento Verbal, los estudiantes deben comprender y analizar pasajes de textos clásicos. La sección de Gramática/Escritura evalúa las habilidades lingüísticas y la capacidad de escribir de manera clara y coherente. La sección de Razonamiento Cuantitativo cubre matemáticas, con un énfasis en el razonamiento lógico más que en cálculos complejos. Además, ofrece una sección opcional de ensayo, donde los estudiantes pueden demostrar su capacidad para argumentar y expresar ideas de manera estructurada sobre un tema dado, a menudo relacionado con temas clásicos o éticos.

Una de las ventajas del CLT es que permite a los estudiantes compartir sus resultados de manera gratuita con un número ilimitado de instituciones educativas, lo cual es particularmente beneficioso para aquellos que aplican a múltiples universidades. Hasta la fecha, más de 280 colegios y universidades en los Estados Unidos y en el extranjero aceptan el CLT, incluyendo todas las universidades públicas de Florida desde 2023, y se espera que este número siga creciendo a medida que más instituciones reconozcan su valor en evaluar las habilidades críticas y analíticas de los estudiantes. El listado de universidades asociadas se actualiza trimestralmente, reflejando el compromiso de muchas instituciones con un modelo educativo que combina excelencia académica con la formación integral.

Aunque el CLT ha sido bien recibido por muchas instituciones, ha habido debates sobre su validez en comparación con exámenes establecidos como el SAT y el ACT. Algunos críticos argumentan que su enfoque en textos clásicos podría no ser representativo de las habilidades necesarias en todas las disciplinas, mientras que los defensores sostienen que proporciona una medida más holística del potencial académico de los estudiantes.

En resumen, el Classic Learning Test representa una herramienta valiosa para evaluar a los estudiantes de manera que refleja los principios de la educación liberal, fomentando el pensamiento crítico, la apreciación de la literatura clásica y el desarrollo ético.[66]

Además de los programas académicos, la evaluación de los estudiantes en instituciones de educación liberal clásica también ha evolucionado. El Classic Learning Test (CLT) se ha posicionado como una alternativa al SAT y ACT, enfocándose en medir habilidades de pensamiento crítico y lógica, alineadas con los principios de la educación clásica. Pete Hegseth, comentarista político y defensor de este modelo educativo, ha elogiado el CLT, afirmando en X que es el "Gold Standard" para la educación clásica, destacando su capacidad para evaluar lo que realmente importa: el pensamiento crítico, la lógica y el amor por el aprendizaje.[67] Este enfoque en la evaluación refuerza la misión de instituciones como Hillsdale y St. John's, que priorizan una formación intelectual profunda sobre la mera preparación técnica.

5. Retos y perspectivas del siglo xxi

La diversidad de enfoques, desde la lectura intensiva de textos clásicos hasta la integración de disciplinas modernas, epone de manifiesto simultáneamente la extraordinaria riqueza y los complejos desafíos de la educación liberal en la actualidad. El auge de la hiperespecialización y la fragmentación disciplinar, junto con la creciente tendencia a rehuir los planes de estudio más rigurosos, evidencia la urgente necesidad de reforzar la coherencia y la misión educativa en las instituciones que aspiran a salvaguardar una formación completa.

En este panorama desafiante, los modelos que entrelazan el estudio de los Grandes Libros y las artes liberales ofrecen una síntesis particularmente valiosa y singular.. Mientras que la lectura intensiva de textos clásicos fomenta el análisis crítico y la reflexión profunda, la amplitud formativa característica de las artes liberales contribuye decisivamente a forjar individuos con una visión amplia y la capacidad de ejercer un liderazgo caracterizado por la prudencia y la sabiduría. Esta formación no solo se refleja en el ámbito académico, sino también en el profesional, donde figuras como Russell Reno, editor de la revista First Things, han expresado su preferencia por contratar graduados de colleges clásicos como Hillsdale College, Thomas Aquinas College, Wyoming Catholic College y la University of Dallas, en lugar de los de la Ivy League. Reno argumenta que estos graduados están mejor educados y no han sido influenciados por la "corrección política tóxica" que, según él, domina en las universidades de élite, lo que los convierte en empleados más efectivos y menos propensos a generar conflictos en el lugar de trabajo.[68]

---

66   Está disponible en https://www.cltexam.com/score-share-rankings/

67   Pete Hegseth, X, 3 de mayo de 2025, https://x.com/PeteHegseth/status/1918730699500089459

68   R.R. Reno, «Why I Stopped Hiring Ivy League Graduates», Wall Street Journal, 7 de junio de 2021, https://www.wsj.com/opinion/why-i-stopped-hiring-ivy-league-graduates-11623103004

El diálogo entre los enfoques filosófico de Platón y retórico de Isócrates se revitaliza en las instituciones modernas, renovando el ideal de la formación completa en el siglo XXI. De esta forma, se revalida el extraordinario potencial de la educación liberal para formar ciudadanos que, al conjugar la solidez ética con la excelencia intelectual, se encuentran singularmente capacitados para afrontar los complejos retos culturales, políticos y sociales que definen nuestra época.

V. Conclusiones y perspectivas de futuros

El panorama académico contemporáneo presenta una serie de desafíos que impactan directamente en la educación liberal clásica y su capacidad para ofrecer un proyecto formativo coherente. Entre estos retos se incluyen la creciente politización de la enseñanza universitaria, la acentuada tendencia hacia la hiperespecialización, las intensas presiones económicas y culturales, así como la reinterpretación ideológicamente sesgada de la tradición intelectual. Estos factores han generado un intenso debate sobre la relevancia y el futuro de este modelo educativo. El retorno a los fundamentos de la tradición occidental, con sus virtudes formativas y lecturas esenciales, se configura como una piedra angular para revitalizar la educación liberal clásica. Este enfoque no solo responde a las necesidades de formación integral, sino que constituye una alternativa sólida frente a los modelos educativos actuales, frecuentemente fragmentados y condicionados por intereses políticos o económicos. A pesar de los retos que enfrenta este modelo, existen numerosos ejemplos de instituciones que han sabido mantener una misión clara y coherente, resistiendo las presiones externas sin comprometer su identidad educativa.

La falta de una misión educativa clara en algunas universidades ha dado lugar a planes de estudio fragmentados y confusos. La hiperespecialización, característica de las grandes universidades, ha aislado disciplinas entre sí, erosionando la perspectiva integradora que define la educación liberal. Esta fragmentación se agrava con la sistemática exclusión de autores clásicos, como Cicerón, y la progresiva erosión de programas de Grandes Libros, que en algunos casos han sufrido una notable pérdida de rigor y profundidad.

Aunque existen iniciativas para revertir esta tendencia, como los programas interdisciplinares que combinan humanidades, ciencias y matemáticas, el desafío sigue siendo recuperar un núcleo formativo coherente que permita a los estudiantes conectar diferentes saberes y desarrollar una visión global del conocimiento.

Lejos de ser un vestigio del pasado, la educación liberal clásica mantiene plena vigencia como una herramienta insustituible para cultivar la inteligencia, la capacidad de expresión y la madurez personal. Aunque enfrenta el desafío de justificar su relevancia ante quienes exigen resultados inmediatos y prácticos, continúa ofreciendo una formación completa que conjuga reflexión teórica y una comprensión amplia de la realidad. Sin embargo, su capacidad para mantenerse actual pasa por adaptarse a los retos contemporáneos, como la politización, la burocratización que dificulta la innovación y la fragmentación del saber que obstaculiza una visión integradora del conocimiento.

A. Fundamentos para un modelo renovado

Aspectos como la independencia financiera, la elaboración de planes de estudio coherentes y la integración de los Grandes Libros en los programas educativos son elementos esenciales para reforzar la educación liberal clásica. Estos pilares intelectuales permiten establecer un puente entre el saber especializado y las grandes cuestiones universales que interpelan a la humanidad. En un contexto caracterizado por tensiones culturales y una excesiva orientación hacia la productividad, el principal desafío reside en preservar el carácter reflexivo y transformador de este modelo, adaptándolo a un entorno en constante evolución. Solo desde esta armonización será posible afrontar con verdadera profundidad cuestiones fundamentales, como el tipo de personas que se desea formar y la visión de sociedad de sociedad que se aspira a construir.

La necesidad de reconstruir espacios para el diálogo y el razonamiento resulta especialmente apremiante en un clima marcado por la polarización ideológica. En este sentido, la educación liberal se presenta como una alternativa que promueve la búsqueda de la verdad y la reflexión serena, superando enfoques parciales y recuperando el auténtico sentido de la libertad académica. Si bien no todas las instituciones pueden prescindir de la financiación pública, como hacen algunas de las analizadas, resulta factible aprender de su compromiso con una misión educativa bien definida y de la coherencia entre sus valores y sus prácticas.

B. La proyección global de la educación liberal

El modelo estadounidense de educación liberal ofrece elementos valiosos para la reforma de sistemas académicos en otros contextos. En Europa, se observa un interés creciente en la educación liberal en ciertos contextos no confesionales. Por ejemplo, en los Países Bajos, grupos interesados en el modelo de los Grandes Libros están desarrollando iniciativas para adaptar esta tradición al entorno europeo. Este fenómeno pone de manifiesto un resurgimiento del interés por el patrimonio cultural y filosófico del continente, señalando una posible revitalización de la tradición humanista europea. Asimismo, en Sudáfrica, destaca la institución *Akademia*, que imparte sus programas en afrikáans y busca conectar las raíces culturales africanas con el legado intelectual occidental. Este enfoque se inspira en modelos estadounidenses como el de Hillsdale College, con el que han establecido vínculos a través de visitas institucionales.

C. Financiación y autonomía ¿menos es más?

La dependencia de fondos públicos o privados influye directamente en la capacidad de las instituciones para preservar su independencia curricular. Un ejemplo emblemático de esta autonomía es el rechazo a las ayudas estatales, una estrategia que permite a ciertas universidades, como Hillsdale College, diseñar programas alineados exclusivamente con sus principios fundacionales. Sin embargo, este modelo requiere el respaldo de una sólida red de donantes comprometidos y una cultura institucional capaz de sostenerlo, algo que no todas las universidades están en posición de lograr.

Por otro lado, las universidades públicas, aunque inevitablemente sujetas a regulaciones externas, pueden salvaguardar efectivamente su autonomía si cuentan con marcos legales robustos y precisos que garanticen la libertad académica y si desarrollan una visión institucional bien definida que guíe sus decisiones. Sin embargo, en la práctica, estas instituciones suelen enfrentar presiones políticas y burocráticas que complican su misión educativa.

Aquí surge una reflexión interesante: el tamaño de una universidad podría ser un factor clave en su capacidad para cumplir con su propósito educativo. Las instituciones más pequeñas, al contar con comunidades más reducidas y estructuras administrativas menos complejas, parecen tener una mayor facilidad para alinear su misión con las necesidades de sus estudiantes y el compromiso con valores educativos sólidos. En contraste, las universidades de gran tamaño, con amplios cuerpos estudiantiles y múltiples intereses en juego, enfrentan desafíos adicionales para preservar una cultura académica coherente y una dirección estratégica clara.

En este sentido, es posible que las universidades pequeñas, con su capacidad para crear comunidades más cercanas y su menor dependencia de estructuras burocráticas, estén mejor posicionadas para sostener la autonomía y mantener el enfoque en su misión educativa esencial. Esto refuerza la idea de que la escala de una institución no solo afecta a su operatividad, sino también a su capacidad para resistir influencias externas y preservar la calidad y coherencia de su propuesta académica.

D. Recuperar el ocio creador y la autonomía intelectual

La revitalización de la educación liberal también implica recuperar el concepto de ocio creador, entendido como un tiempo dedicado al cultivo de la profundidad intelectual y el aprecio por la belleza. Este enfoque, defendido por autores como Hutchins y Adler, pone de manifiesto que el ocio no equivale a la inactividad improductiva, sino que se orienta hacia una labor intelectual que fortalece la unidad interior de la persona.[69] El crecimiento de pequeños centros residenciales y académicos, enfocados en la convivencia y el diálogo reflexivo, representa una respuesta ante la masificación y la dispersión características de las grandes universidades.

Este tipo de ocio, armoniosamente integrado con con métodos pedagógicos innovadores como los coloquios socráticos y la interacción interdisciplinar, demuestra que el aprendizaje no se limita a la adquisición de habilidades técnicas, sino que abarca el desarrollo del pensamiento crítico, el interés por el conocimiento y el reconocimiento del legado cultural. Frente a la uniformidad y la especialización extrema, este modelo ofrece una alternativa que fomenta una comprensión más completa y profunda de la realidad.

E. Perspectivas de futuro

La educación liberal clásica continúa demostrando su extraordinaria capacidad para formar personas con criterio propio, notable amplitud intelectual y un profundo sentido de la historia, preparadas para afrontar los retosculturales, políticos y sociales de nuestro tiempo. Las instituciones analizadas, junto con otras iniciativas afines, demuestran que esta tradición no solo conserva su vigencia, sino que puede proyectarse con fuerza renovada hacia el futuro.

El principal desafío reside en cultivar y preservar el entusiasmo por aprender y el amor por la verdad en un contexto cada vez más dominado por el utilitarismo y las corrientes ideológicas que obstaculizan sistemáticamente un diálogo honesto. El dinamismo de las iniciativas descritas, unido a un renovado interés por recuperar el sentido profundo de la educación, sugiere que el modelo liberal continuará desempeñando un papel fundamental en la formación de personas comprometidas con su entorno y con una visión global de la realidad. Así, lejos de convertirse en un vestigio del pasado, la tradición liberal clásica se reafirma como una herramienta transformadora capaz de responder a las necesidades del siglo XXI.

---

69 Hutchins y Adler plantean que «la mejor educación para los mejores es la mejor educación para todos», subrayando la necesidad de un ocio creativo que potencie la profundidad intelectual. Véase Mortimer Adler, *The Paideia Proposal*, p. 6, así como Robert Hutchins, *Education for Freedom*, p. 44. Asimismo, sobre la dimensión «universal» de la educación liberal, pueden consultarse los enfoques de Allan Bloom en *The Closing of the American Mind* (New York: Simon & Schuster, 1987), p. 21, y Leo Strauss, «What Is Liberal Education?», en *An Introduction to Political Philosophy: Ten Essays by Leo Strauss*, ed. Hilail Gildin (Detroit: Wayne State University Press, 1989), p. 314. Para otras reflexiones vinculadas, véase Adler, «Liberalism and Liberal Education» en *Reformi*.

VIII. Bibliografía y fuentes consultadas

Adler, Mortimer J., *Philosopher at Large: An Intellectual Autobiography*. Nueva York: Macmillan, 1977.

—. *Reforming Education*. Editado por Geraldine Van Doren. Nueva York: Macmillan, 1988.

—. *The Paideia Proposal*, Nueva York, Macmillan, 1982.

—. *Truth in Religion*, Nueva York, Macmillan, 1990.

—. y Robert M. Hutchins, eds. *Great Books of the Western World*, Chicago, Encyclopaedia Britannica, 1952.

Alexander Cambre, Rachel. «Classical Schools in America: A Movement of Hope» en *First Principles*, no. 100. Heritage Foundation, agosto de 2024.

—. «Liberal Education's Antidote to Indoctrination» en *First Principles*, no. 109. Heritage Foundation, enero de 2025.

American Council of Trustees and Alumni (ACTA), *What Will They Learn? 2020–2021 Edition*, Washington, D.C., ACTA, 2020.

Aquino, Santo Tomás de, *Summa Theologiae*, Roma: Typographia Polyglotta S.C. de Propaganda Fide, 1886.

Aristóteles, *Ética a Nicómaco*, Traducido por Julio Pallí Bonet. Madrid: Editorial Gredos, 2014.

—. *Politics*, Traducido por Carnes Lord, 2.ª ed. Chicago: University of Chicago Press, 2013.

Babbitt, Irving. *Democracy and Leadership*. Boston: Houghton Mifflin Company, 1924.

Benedictine College. *Course Catalog*. Accedido el 15 de octubre de 2024. https://coursecatalog.benedictine.edu.

Bloom, Allan. *The Closing of the American Mind*, Nueva York: Simon & Schuster, 1987.

—, y Harry V. Jaffa. *Shakespeare's Politics*, Nueva York: Basic Books, 1964.

Burke, Edmund. *A Philosophical Enquiry into the Origin of Our Ideas of the Sublime and Beautiful*, Londres, R. and J. Dodsley, 1757.

Calomiris, Charles W. «Rights, Responsibilities, and Liberal Conversations», American Enterprise Institute, 15 de octubre de 2020.

—. «The Center for Economics, Politics, and History (CEPH) at the University of Austin», Mayo de 2023. Manuscrito proporcionado por el autor.

Christendom College. *Undergraduate Bulletin 2024–2025*, accedido el 20 de octubre de 2024. https://www.christendom.edu/academics/bulletin/.

Clark, Kerr. *The Uses of the University*. Cambridge, MA: Harvard University Press, 1963; 8th printing, 1980.

Cremin, Lawrence A., *American Education: The Colonial Experience, 1607-1783*. Nueva York, Harper & Row, 1970.

—. *American Education: The Metropolitan Experience, 1876-1980*, Nueva York, Harper & Row, 1988.

Croly, Herbert. *The Promise of American Life*, Nueva York: Macmillan, 1908.

Dewey, John. *Experience and Education*, Nueva York, Macmillan, 1938.

—. «Democracy and Educational Administration» en *Teachers, Leaders and Schools: Essays by John Dewey*, editado por Douglas J. Simpson y Sam F. Stack, pp.86–90, Carbondale, Southern Illinois University Press, 2010.

Farrell, Allan P. *The Jesuit Code of Liberal Education: Development and Scope of the Ratio Studiorum*, Milwaukee, Bruce Publishing Company, 1938.

Fox News. «Universities Come Under Fire for Canceling Classes and Providing Safe Spaces for Students Upset by Trump's Victory», *Fox News*, 8 de noviembre de 2024. https://www.foxnews.com/media/universities-come-under-fire-canceling-classes-providing-safe-spaces-students-upset-trumps-victory.

Gamble, Richard M., ed. *The Great Tradition: Classic Readings on What It Means to Be an Educated Human Being*, Wilmington, DE, Intercollegiate Studies Institute, 2007.

Gregory A. McBrayer. «The Paradox of Liberal Education and Modernity», en *New Challenges to Liberal Education*, Cambridge, Cambridge University Press, 2023.

Heritage Foundation. *Classical Education in America: A Return to Excellence*, Washington, D.C., Heritage Foundation, 2019.

Hillsdale College. *Welcome to Hillsdale College, 2024–2025 Catalog*. Accedido el 20 de octubre de 2024. https://catalog.hillsdale.edu/welcome-to-hillsdale-college.

Hutchins, Robert M. *Education for Freedom*. Chicago: University of Chicago Press, 1943.

—. *The Higher Learning in America: A Memorandum on the Conduct of Universities by Business Men*, New Haven: Yale University Press, 1936.

Kirk, Russell. *The Conservative Mind: From Burke to Eliot*, Chicago: Henry Regnery Company, 1953.

—. «The Conservative Purpose of a Liberal Education», en *Redeeming the Time*, Wilmington, ISI Books, 1996.

Mahoney, Kathleen A. *Catholic Higher Education in Protestant America: The Jesuits and Harvard in the Age of the University*, Baltimore, Johns Hopkins University Press, 2003.

Marrou, Henri-Irénée. *A History of Education in Antiquity*, traducido por George Lamb, Madison, WI, University of Wisconsin Press, 1956.

Matt Mehan. *The Arts of Liberty*. San Francisco, TAN Books, 2018.

—. «The Arts of Liberty» en *The Heights*, 11 de diciembre de 2015. https://heights.edu/essay/the-arts-of-liberty/.

McBrayer, Gregory A. «The Paradox of Liberal Education and Modernity», en *New Challenges to Liberal Education*, Cambridge, Cambridge University Press, 2023.

Newman, John Henry. *The Idea of a University*. Londres, Longmans, Green, and Co., 1852.

Nussbaum, Martha C. *Not for Profit: Why Democracy Needs the Humanities*, Updated Edition. Princeton: Princeton University Press, 2016. https://doi.org/10.1515/9781400883509.

Ortega y Gasset, José. *El libro de las misiones, La misión de la universidad*. Madrid, Revista de Occidente, 1959.

Pieper, Josef. *In Tune with the World: A Theory of Festivity*. Nueva York, Harcourt, Brace, Jovanovich, 1965.

—. *Leisure: The Basis of Culture*. Nueva York: Pantheon Books, 1952.

Platón. *La República*. Traducido por Manuel Fernández-Galiano. Madrid: Editorial Gredos, 1986.

Paz Marín Cánovas. *Estudio de la hegemonía de la ideología Woke*. Informe 06 | CEU-CEFAS, febrero de 2024.

Roosevelt, Theodore. «International Peace» En *Nobel Lectures, Peace 1901–1925*, editado por Frederick W. Haberman. Ámsterdam: Elsevier, 1972. https://www.nobelprize.org/prizes/peace/1906/roosevelt/lecture/.

Ruegg, Walter, ed. *A History of the University in Europe, Volume 3: Universities in the Nineteenth and Early Twentieth Centuries (1800–1945)*, Cambridge: Cambridge University Press, 2004.

Sanford, Jonathan. «Educating Humans to Be Human: The Crisis in Education», moderado por Tim Gray, Napa Institute Summer Conference, 2024. Publicado por Napa Institute. https://www.youtube.com/watch?v=fSe5wSzpPwA.

St. John's College. *Undergraduate Academic Programs*, Accedido el 25 de octubre de 2024. https://www.sjc.edu/academic-programs/undergraduate.

Strauss, Leo. *Natural Right and History*. Chicago, University of Chicago Press, 1953.

Tocqueville, Alexis de. *Democracy in America*, Traducido por Harvey C. Mansfield y Delba Winthrop. Chicago: University of Chicago Press, 2000.

University of Dallas. *Academic Catalog 2024–2025*. Accedido el 22 de enero de 2025. https://udallas.smartcatalogiq.com/2024-2025/academic-catalog/.

Wills, Garry. *Inventing America: Jefferson's Declaration of Independence*, Nueva York: Doubleday, 1978.